Regine Schindler

Der verlorene Sohn

Bilder von Eleonore Schmid

Verlag Ernst Kaufmann

Wütend legte der junge Bauer seine Hacke auf die Erde. „Ich habe genug, ja genug“, murmelte er leise. Plötzlich schrie er: „Ich will nicht mehr! Was soll ich immer hier bleiben und arbeiten? Später, wenn der Vater nicht mehr lebt, wird der Bauernhof meinem älteren Bruder gehören. Dann werde ich sein Diener sein. Ich werde ihm gehorchen müssen. Ich will nicht mehr.“ Er schrie noch lauter.

„Ich will nicht mehr Disteln ausreißen. Ich will etwas erleben.“

Die Knechte schüttelten den Kopf. Sie blickten über die Felder, die Weinberge, die Olivenbäume. Sie hatten es gut hier.

Der junge Bauer aber ging zu seinem Vater und sagte: „Lieber Vater, gib mir Geld! Ich bitte dich: Verteile alles, was dir gehört. Ich bin erwachsen. Gib mir meinen Teil. Ich will fort. Ich habe genug!“

Zuerst erschrak der Vater. Dann dachte er lange nach.

Er rechnete.

Am nächsten Morgen rief er beide Söhne zu sich. Er blickte über die Felder, die Weinberge, die Olivenbäume. Er sagte zu seinem älteren Sohn: „Du weißt, dir gehört der Bauernhof.“ Dem jüngeren Sohn schob er die Münzen, die vor ihm lagen, zu. „Dir gebe ich Geld. Dies alles. Es ist dein Teil.“

Er schaute seine beiden Söhne lange an. Ja, so war alles gut.

„Ich will fort, fort von hier – so schnell es geht. Hinaus will ich, hinaus in die weite Welt."

Der jüngere Sohn packte zusammen, was er brauchte: einen Reisemantel und eine warme Decke, zwei Lederbeutel für Wasser und Wein, auch Essen für unterwegs. „Komm, du darfst mit", sagte er zu seinem Esel. „Wir machen eine große Reise. Ich kann dich brauchen." Er band alles, was er mitnehmen wollte, auf den Rücken des Esels.

„Ich gehe, ich gehe jetzt", rief er laut. Der Vater trat aus dem Haus. Er umarmte seinen Sohn. Er drückte ihn an sich. Die Beine des Sohnes aber bewegten sich wie von selbst. Seine Füße waren leicht, als er sich auf den Weg machte. Und der Esel trippelte mit.

Von weitem schaute er nochmals zurück und winkte.

Die Welt war groß und weit und schön. Der Weg war manchmal steil – aber der junge Bauer merkte es nicht. „In ein fernes Land wollen wir reisen“, sagte er zu seinem Esel.

Er lachte, als er von weitem das Meer sah. Und im nächsten Hafen bestieg er ein großes Schiff. So geht die Reise noch schneller, dachte er.

„Ich bezahle für mich und auch für meinen Esel“, sagte er zu den Schiffsleuten. Bald fuhr das Schiff ab.

Er stand oben auf dem Deck. In kurzer Zeit war das Ufer nicht mehr zu sehen. Die Wellen spritzten ihm ins Gesicht. Der Wind blies in die Segel.

Am nächsten Morgen legte das Schiff vor einer großen Stadt an. Der Mann sagte zu sich selbst: „Ja, hier fange ich ein neues Leben an. Ich bin jung. Ich bin stark. Ich bin reich. Vielleicht werde ich Händler und kaufe einen Laden in der großen Stadt?“

Er ging mit seinem Esel an Land und schaute sich in der großen Stadt um. Man soll es mir nicht ansehen, daß ich aus dem Bergland komme und Bauer war, dachte er. Er ließ sich einen bunten Mantel nähen, wie ihn die Menschen hier trugen. Er hatte ja viel Geld.

Seinem Esel band er silberne Glocken an die Lederriemen. Sich selbst hänge er eine goldene Kette um.

Bald hatte der Mann viele Freunde und Freundinnen in der Stadt. „Ich lade euch zum Essen ein“, sagte er. „Kommt mit mir in den Zirkus, kommt mit ins Theater.“ Da waren sie fröhlich mit ihm. Sie hatten ihn gern, den Mann mit der goldenen Kette. „Sein Geldbeutel wird nie leer“, murmelten sie.

Die Freunde hörten dem Mann zu, wenn er von der Reise auf dem Meer erzählte. Sie hörten ihm zu, wenn er Geschichten erfand. Die Freundinnen streichelten ihn. „Wie schön habt ihr euch für mich gemacht. Wie süß ist euer Duft“, sagte er.

Er vergaß, daß er Händler werden wollte. Er hatte keine Zeit zum Arbeiten.

Für meine Freundin, meine allerliebste, will ich Ohrringe kaufen, dachte er eines Tages. Beim Goldschmied griff er in seinen Geldbeutel. Seine Finger suchten. Aber es waren nur noch wenige kleine Münzen da!

Zuerst erschrak er. Aber er dachte: Ich bin ja nicht allein. Und abends beim Essen sagte er: „Ihr lieben Freundinnen und Freunde. Ihr seid nicht arm. Kann heute einer von euch bezahlen?“ Sie schüttelten den Kopf.

Sie wollten plötzlich nicht mehr seine Freunde sein. Wenn er ihnen auf der Straße begegnete, schauten sie auf die andere Seite.

Da verkaufte er die silbernen Glocken des Esels. Er verkaufte seine goldene Kette. Er verkaufte seinen bunten Mantel. Schließlich mußte er seinen Esel verkaufen. Aber auch das Geld, das er für seinen Esel bekam, war bald aufgebraucht.

„Jetzt habe ich nichts mehr, gar nichts mehr.“ Er seufzte.

Der Mann fragte einen sehr reichen Kaufmann: „Darf ich dein Diener sein?“ Und er rieb mit einem Lappen den Marmorboden, daß er glänzte. Er putzte die verkrusteten Töpfe. Er trug schwere Pakete zum Hafen. „Danke, daß ich arbeiten und mitessen darf“, sagte er und verbeugte sich vor dem reichen Mann.

Doch dann kam eine Hungersnot ins Land. Viele Wochen lang hatte es nicht geregnet. Das Korn vertrocknete, bevor es reif wurde. Auch im Haus des Kaufmanns wurde das Essen knapp. „Draußen vor der Stadt sind meine Schweine“, sagte er. „Paß auf sie auf, daß sie nicht gestohlen werden. Hier kann ich dich nicht mehr brauchen.“ So schickte ihn der Kaufmann hinaus aufs Feld. „Und abends gibst du den Schweinen zu fressen, die Schoten des Johannisbrotbaums! Aber nur für die Schweine ist das Futter. Sie sollen fett werden.“

Jetzt war aus dem Bauernsohn ein Schweinehirt geworden. „Hunger habe ich, großen Hunger“, sagte er zu sich selbst. Er konnte nichts anderes mehr sagen oder denken. „Die zähen Schoten des Johannisbrotbaums, wie gerne würde ich sie essen! Sie schmecken süß und stillen den Hunger. Aber aus der Schweineschüssel essen? Nein, das darf ich nicht. Mein Herr hat es verboten!“

Hungrig hockte der Mann neben den Schweinen. Er war schwach. Er lehnte sich an einen Baumstamm. Er schlug die Hände vors Gesicht. Er dachte nach.

„Nichts mehr will ich sehen! Diese Schweine möchte ich vergessen. Schweinehirt? Nein! Nein!“ Er schloß die Augen. Er horchte. Er horchte in seinem Herzen. Mit geschlossenen Augen sah er plötzlich den Bauernhof zu Hause. Er dachte: Ich habe einen Vater. Meinen Vater, der mir alles Geld gegeben hat. Auch mein Bruder ist zu Hause, die Knechte und Mägde. Und da sind die Lohnarbeiter aus dem Ausland; schmutzige und harte Arbeit müssen sie machen. Keinen würde der Vater wegschicken bei einer Hungersnot. Ja, so ist mein Vater.

Der Schweinhirt dachte: Selbst die Lohnarbeiter meines Vaters haben Brot, mehr als genug. Und ich sterbe vor Hunger. Ich will mich aufmachen. Ich will zurückgehen zu meinem Vater. Ich will zu ihm sagen: „Lieber Vater, ich war böse, gegen Gott und gegen dich. Ich habe all dein Geld verbraucht. Ich habe Gott vergessen. Ein guter Sohn bin ich nicht; ich bin überhaupt kein Sohn mehr. Aber stelle mich an wie einen deiner Lohnarbeiter, wie einen dieser Ausländer. Dann habe ich wenigstens zu essen.“

Und jetzt machte sich der Schweinehirt auf den Weg. Eine lange Reise hatte er vor sich. Für eine Schiffahrt fehlte ihm das Geld. Zu Fuß wanderte er durch das Wüstengebirge. Bei fremden Menschen mußte er betteln: „Gebt mir zu essen. Gebt mir zu trinken. Ich habe nichts.“ In Gasthäusern am Wegrand bekam er von den Resten. Wie ein Hund werde ich gefüttert, dachte er. Aber er war dankbar.

Seine Kleider waren zerrissen; die Sohlen seiner Sandalen hatten Löcher. Mit gesenktem Kopf, schwach und hungrig, kam er zu den Feldern, Gärten und Weinbergen seines Vaters.

Der Vater aber sah ihn von weitem. Er hatte in die Ferne geblickt. Hatte er auf seinen Sohn gewartet?

Und der Vater sprang auf. Schnell wie ein junger Mann machte er sich auf den Weg. In großen Schritten eilte er dem Sohn entgegen, so daß alle sich wunderten: Knechte und Mägde, die Lohnarbeiter, selbst die Hunde. Wer war der Fremde, dieser zerlumpte Bettler?

Mit ausgebreiteten Armen kam der Vater auf den Sohn zu.

Jetzt umarmte er seinen Sohn. Er drückte ihn an sich. Er gab ihm einen Kuß. Der Sohn sagte mit schwacher Stimme: „Lieber Vater, es war nicht recht, was ich getan habe. Ich habe all dein Geld verbraucht. Ich habe Gott vergessen. Ein guter Sohn bin ich nicht mehr, überhaupt kein Sohn. Es tut mir leid."

Doch er redete nicht weiter. Er spürte die Wärme des Vaters. Er spürte den Kuß. Er wußte: Der Vater hat mich immer noch lieb. Ich bin immer noch sein Kind.

Und der Vater sagte zu seinen Knechten: „Holt mein bestes Gewand, das Kleid mit den Goldfäden. Zieht es ihm an!“ Die Knechte wußten: Dieses Kleid dürfen nur die Söhne des Hauses tragen.

Und der Vater sagte zu seinen Mägden: „Bringt den Siegelring, steckt ihn an die Hand unseres Gastes.“ Die Mägde aber wußten, wer den Ring trägt, darf im Haus befehlen wie der Herr.

Und der Vater sagte zu seinen Knechten: „Holt jetzt auch Schuhe, zieht sie unserem Gast an.“ Die Knechte aber wußten: Schuhe dürfen nur freie Männer tragen. Dieser zerlumpte, abgemagerte Mann aber war ein Bettler. Sie wunderten sich sehr.

Doch sie machten alles, was ihnen der Bauer befohlen hatte. Auch das gemästete Kalb, das immer für hohen Besuch bereit war, schlachteten sie.

Dann aber hörten sie den Hausherrn sagen: „Dieser Mensch ist mein Sohn. Für mich war er tot. Jetzt lebt er wieder. Er war verloren. Jetzt ist er wieder da.“

Da verstanden die Menschen auf dem Hof den Bauern. Sie freuten sich. Sie brieten das gemästete Kalb. Den besten Wein stellten sie auf den Tisch. Sie feierten ein wunderbares Fest.

Der ältere Sohn aber riß sich vom Vater los. Er drehte ihm den Rücken zu und brummte: „Immer mache ich, was du willst. Immer bin ich an deiner Seite und helfe dir. Du der Herr, ich dein Diener." Wieder stampfte er mit dem Fuß. Er senkte den Kopf. Er weinte vor Wut und sagte: „In all den Jahren hast du mir nicht ein einziges Mal einen Ziegenbock gegeben – einen guten Braten, um mit meinen Freunden ein Fest zu feiern. Und jetzt kommt dieser da, dein anderer Sohn, nach Hause. Herumgereist ist er. Dein Geld hat er ausgegeben. Wahrscheinlich hat er sich mit fremden Frauen herumgetrieben, hat ihnen Geschenke gemacht. Arm wie ein Bettler kommt er nach Hause! Und für ihn läßt du das Kalb braten. Für ihn dieses große Fest! Das ist zuviel, zuviel..."

Langsam legte der Vater seinen Arm um die Schultern des Sohnes. Er ließ ihn weinen. Er wartete. Schließlich sagte er: „Weißt du nicht, daß ich dich lieb habe? Du bist mein Kind, genauso wie dein Bruder. Hast du vergessen, daß alles rundum – Felder, Äcker, Weinberge, auch Blumen, Bäume und Tiere dir gehören? Und hatten wir es nicht gut, all die Zeit?"

Wieder wartete der Vater. Dann sagte er: „Verstehst du nicht, daß ich glücklich bin? Dein Bruder war tot und ist wieder lebendig geworden. Er war verloren – jetzt ist er wieder da. Wollen wir nicht fröhlich sein und ein Fest feiern, alle zusammen? Auch du?"

Jesus hat diese Geschichte erzählt. Wir möchten ihn fragen. Wir möchten wissen: Ist der ältere Sohn doch noch zum Fest gekommen? Hat er getanzt, gesungen – und sich gefreut? Hat er die freundliche Stimme seines Vaters gehört, den warmen Arm gespürt? Vor lauter Wut war er wie tot. Ist auch er wieder lebendig geworden?

Jesus hat diese Geschichte erzählt, die Geschichte vom guten Vater. Die Geschichte vom Vater, der sich freut über sein Kind, das zurückkommt. Vom Vater, der nicht fragt: Warum hast du alles ausgegeben? Vom Vater, der nicht sagt: Du bist ein dummer Kerl! Vom Vater, der sich einfach freut.

Jesus hat diese Geschichte erzählt. Er hat von sich selbst erzählt. So ist er – wie dieser Vater. Er hat die Menschen lieb, die elenden, die wütenden, die armen und kranken. Alle, die ihn brauchen. Sie dürfen zu ihm kommen, und er tut ihnen Gutes. Sobald sie umkehren und einen Schritt auf ihn zugehen, kommt er ihnen tausend Schritte entgegen. So ist Jesus!

Von sich selbst hat er in dieser Geschichte erzählt – und auch von uns.

Nachwort für Eltern, Erzieherinnen und Erzieher

Das Gleichnis vom verlorenen Sohn gehört im Lukasevangelium (Kap. 15,11–32) eng zusammen mit den beiden anderen Gleichnissen, die Gottes Freude über die Rettung des Verlorenen ausdrücken: dem Gleichnis vom verlorenen Schaf (15,3–7) und jenem von der verlorenen Drachme (15,8–10). Mit den drei Gleichnissen antwortet Jesus auf die Entrüstung der Pharisäer, die sich darüber ärgern, daß er Zöllner und Sünder aufnimmt und mit ihnen ißt. Die Gleichnisse sind aber nicht einfach Verteidigungsreden. Sie drücken aus, wie es im Gottesreich ist: Gott kümmert sich – wie Jesus – um die Verlorenen zuerst. Er freut sich über die Umkehr, über das Auffinden oder Zurückholen der „Verlorenen" mehr als über alle Rechtschaffenheit.

Nun ist, ganz besonders im Hinblick auf Kinder, die Vielschichtigkeit unseres Textes und seiner Deutung kompliziert. Andererseits scheint es, gerade im Sinn moderner Gleichnistheorien, gar nicht nötig, ja nicht einmal richtig, die Gleichnisse zu deuten, in unsere Welt hinein zu „übersetzen". Die Gleichnisse sprechen für sich selbst. Beim Erzählen, beim Vorlesen, beim Betrachten der Bilder werden sie im Kind lebendig.

Die Geschichte vom verlorenen Sohn hat zwei Teile. Es ist die Geschichte von zwei verlorenen Söhnen. Beide stehen in ihrer völlig verschiedenartigen Verlorenheit dem aktiven, initiativen Vater gegenüber. Der Vater aber mit seiner Freude, seiner Barmherzigkeit, seiner Liebe steht im Mittelpunkt der beiden Sohn-Geschichten und verbindet sie zu *einer* überzeugenden Erzählung mit zwei Gipfelpunkten. Sie spricht uns als zwei „Typen" von verlorenen Menschen an. Oder aber: Wir entdecken in uns Züge beider Söhne. Es wäre darum nicht richtig, im älteren Bruder nur ein Abbild der Pharisäer zu sehen.

Im Hinblick auf die Fragen größerer Kinder oder auf Gespräche, die sich mit ihnen ergeben, seien hier einige Informationen beigefügt:

- Zum Problem der Erbteilung: Im Normalfall erbte der ältere Sohn den Bauernhof. Dem jüngeren stand nach damaligem Recht ein Drittel des väterlichen Besitzes zu. In der Regel hatte aber der Vater bis zu seinem Tod die Nutznießung des Ganzen. Es spricht für die Großzügigkeit dieses Vaters, daß er zu seinen Lebzeiten teilt und dem jüngeren Sohn eine Abfindung gibt. Rechtlich verliert der jüngere Sohn damit alle Ansprüche, auch auf Nahrung und Kleidung.
- Zum Ausziehen des jüngeren Sohns: Ein sehr großer Teil der Juden lebte damals in der „Diaspora", also außerhalb von Palästina. Möglicherweise war es für einen Vater durchaus auch positiv, wenn der jüngere Sohn sich außerhalb des armen Berglandes eine neue Existenz aufbauen wollte.
- Zum Schweinehüten: Schweine waren für die Juden unreine Tiere. Die Arbeit als Schweinehirt bedeutete also eine totale menschliche und religiöse Erniedrigung.
- Zum Bekenntnis der Sünde (Verse 18 und 21, resp. S. 12 und 16): Im Hinblick auf jüngere Kinder habe ich die Wendung „ich habe gesündigt" nicht gebraucht. Es schien mir wichtig, die Geschichte nicht mit dogmatisch-theologischen Begriffen zu belasten. Im „Böse-Sein" und im Satz „Es tut mir leid" klingt das Thema von Sünde und Sündenvergebung an, ohne daß die schwierigen Wörter gebraucht werden. Das Gleichnis als Ganzes bringt das Lob des Gottesreichs, in dem alle Sünde vergeben wird, besser zum Ausdruck als das Erklären oder Betonen dieser Stellen.
- Zum Verlorensein des jüngeren Sohnes: Er ist tatsächlich – nicht im moralischen Sinn – verloren. Als Schweinehirt hat er *alles* verloren. Die Erinnerung an den Vater ist das einzige, was ihm bleibt. Andererseits hat der Vater *ihn* verloren; er wußte nichts mehr von seiner Existenz und erkennt bei der Rückkehr, daß der Sohn nicht

nur für ihn außer Sichtweite, sondern objektiv verloren war. Der Gegensatz von „verloren“ und wiedergefunden (oder „wieder da“) ist so stark, daß ihm der Gegensatz tot – lebendig entspricht.

• Vorsichtig wurde das Gleichnis, im Sinne einer besseren Anschaulichkeit, für die Kinder etwas erweitert. Auf eine grundsätzliche Übersetzung in das Umfeld und die Sprache heutiger Welt wurde verzichtet. So bleibt (oder wird) die Welt Jesu ein Stück weit lebendig: eine Welt mit Knechten und Mägden, mit einer bäuerlichen Umgebung und alten jüdischen Bräuchen, in denen Vergebung eigentlich nicht vorgesehen ist – eine Welt, in der die Frauen kaum erwähnt werden.

Daß Jesus im Gleichnis nicht nur von sich und seinem aufregenden, ja ärgerlichen Verhalten spricht, sondern von Gott und seinem Reich erzählt, wird im Text dieses Buches nicht ausdrücklich gesagt. Es kann sich aber im Gespräch mit Kindern, auch aus dem ergänzenden Erzählen der beiden anderen Gleichnisse aus Lukas 15 ergeben. Und es spricht aus der Erzählung als Ganzes: Mit dem Vater, dessen Liebe und Güte alle Gesetzmäßigkeiten dieser Welt über den Haufen wirft, ist Gott gemeint.

Und vielleicht ergibt es sich nach dem Hören oder Vorlesen, daß die Kinder es plötzlich für selbstverständlich halten, daß der ältere Sohn dann doch am Fest teilnimmt. Es wäre ein Zeichen dafür, daß die Botschaft Jesu auch heute zum Tragen kommen kann. R. S.

Die Deutsche Bibliothek – CIP-Einheitsaufnahme

Der verlorene Sohn/Regine Schindler. Bilder von Eleonore Schmid. – Lahr: Kaufmann, 1994
(Religion für kleine Leute)
ISBN 3-7806-2306-4
NE: Schindler, Regine; Schmid, Eleonore [Ill.]

 · Printed in Belgium · Umschlaggestaltung: Waltraud M. Jacob
Hergestellt bei Proost N.V., Turnhout (Belgium)
ISBN 3-7806-2306-4